NOTICE

SUR

HENRI BRACONNOT

CHIMISTE

Membre de l'Académie de Stanislas et de la Société de Médecine de Nancy
Membre correspondant de l'Institut et des Sociétés savantes
de Paris, Vienne et Berlin
Chevalier de la Légion d'honneur

PAR

M. FRANÇOIS SIMONIN

Braconnot était plus connu partout ailleurs que dans notre ville.

NANCY

IMPRIMERIE DE SORDOILLET ET FILS

Rue du Faubourg Stanislas, 3

—

1870

du devoir des générations qui lui succèdent de rendre un certain culte à sa mémoire.

En cela le motif supérieur est la reconnaissance, dette dont l'acquit plaît aux âmes bien nées. En second lieu, ces hommes sont dignes d'être signalés comme émules à la jeunesse.

D'ailleurs, de telles individualités sont d'autant plus intéressantes qu'elles ont plus absolument trouvé leur puissance en elles-mêmes. Ces lutteurs énergiques dont le succès tire sa cause principale d'une persévérance rare, on aime à les suivre dans les péripéties de leur existence, dont la fin comporte toujours au moins la gloire, sinon la fortune.

NOTICE BIOGRAPHIQUE

SUR

M. HENRI BRACONNOT

Henri Braconnot est né en 1780, à Commercy, petite ville du département de la Meuse. Issu d'une famille honorable, il perdit très-jeune son père (1) et fit ses études sous un de ses grands-oncles, M. l'abbé Pernelle, puis au collége des Bénédictins de Breuil de la même ville, où il montra peu de dispositions pour les lettres et les langues anciennes. C'était un écolier dissipé et malin, jouant toute sorte de mauvais tours à ses camarades. Rien ne témoigne que plus tard il se soit distingué dans

(1) Le père de Braconnot était avocat ; il mourut à trente-deux ans, laissant en bas âge deux fils, l'un Henri, dont il s'agit ici, et un autre qui, après avoir étudié la médecine, mourut à vingt-deux ans dans les colonies.

ses études classiques. Du reste, comme tous ses contemporains, il eut le tort d'arriver en ce monde à une époque de démolition morale et matérielle qui permit à peine au plus grand nombre d'acquérir une instruction élémentaire (1). Braconnot ressentit l'influence de ce malheur, et quoiqu'il se soit efforcé ensuite de suppléer à la faiblesse de ses premières études, il lui en resta pendant toute sa vie, une extrême timidité, de la répugnance à se produire et à se mettre en rapport avec les hommes éminents qui l'ont recherché (2).

La mère de Braconnot s'étant remariée (3), suivit son mari à Neufbrisach, puis se fixa définitivement à Nancy avec ses fils; celui dont nous parlons fut placé par son beau-père, qui lui portait peu d'affection, chez un pharmacien, M. Graux, homme honnête et bon, qui ne manquait pas d'instruction. Braconnot resta pendant deux années dans cette officine, où, s'il ne put apprendre beaucoup, prit-il du moins le goût des manipulations et des

(1) La Révolution ferma les écoles et décréta les soldats.

(2) Braconnot reçut la visite de tous les chimistes de quelque valeur en passage à Nancy; quand il allait à Paris, ce qui lui arriva rarement, il n'en rendait aucune et il se tint constamment à l'écart.

(3) Ce second mari était médecin militaire et n'aimait pas ses beaux-fils.

opérations chimiques qu'à cette époque les pharmaciens pratiquaient exclusivement. En cela, l'inimitié de son beau-père lui fut utile, en lui montrant sa véritable vocation que peut-être il eût méconnue.

Malgré sa jeunesse (1), le besoin pressant qu'on avait d'officiers de santé le fit sortir de chez M. Graux avant la fin de son apprentissage; il fut commissionné pharmacien de 3e classe à l'hôpital de la Montagne, à Strasbourg, puis il fit le service en la même qualité pendant quatre ans à l'hôpital d'Instruction; désigné ensuite pour l'armée du Rhin, il fut licencié quelques mois après, le 4 floréal an IX (24 avril 1800).

Pendant cette période d'environ six ans, Braconnot, en faisant son service, trouvait le temps de s'occuper d'autres études, de botanique, d'histoire naturelle, etc., qui lui valurent plusieurs prix. Lié avec quelques Lorrains de son âge, dont plusieurs ont acquis une réputation européenne (2), il puisa ou fortifia dans leur fréquentation le goût de la botanique qu'il a toujours aimée et cultivée particulièrement.

En 1803, Braconnot est à Paris; il suit les cours de

---

(1) Commissionné pharmacien de 3e classe, par le commissaire des guerres Lamartillière, le 1er germinal an IV (21 mars 1795). Licencié le 4 floréal an IX (24 avril 1800).

(2) MM. Mougeot et Nestler.

chimie, de botanique, de géologie, etc. ; il assiste aux leçons de l'École de Médecine ; les professeurs, tous savants de premier ordre, sont : Berthollet, Lesage, Vauquelin, Deyeux, Fourcroy, Desfontaines, etc. ; il s'en fait remarquer par son assiduité et son aptitude, et plusieurs se plurent à lui en donner des attestations honorables.

Notre collègue a trouvé définitivement sa voie ; nous la lui verrons suivre maintenant sans interruption, et abandonner la pharmacie et la médecine pour la botanique et la chimie surtout, qu'il a enrichie d'une foule de découvertes.

Après quelques années d'étude, Braconnot revint à Nancy ; toujours en mésintelligence avec son beau-père, il n'habita pas avec sa mère et lui ; majeur et en possession du patrimoine paternel, il s'établit dans un petit appartement, il y créa un laboratoire, si l'on peut appeler ainsi un potager de cuisine et les quelques verres indispensables ; là, il préparait lui-même des réactifs purs (1), il s'essayait avec de faibles moyens à obtenir de grands résultats. Braconnot a toujours été fidèle à ses habitudes, et lorsqu'à la mort de son beau-père il viendra habiter avec sa mère cette maison de la rue de l'Opéra

(1) Braconnot ne s'est jamais departi de cette habitude ; il n'avait pas de confiance dans la pureté des produits du commerce.

qu'il n'a plus quittée, il ne sentira pas le besoin d'une installation plus complète, plus en rapport avec sa position. Pas plus pour son laboratoire que dans ses habitudes particulières, il n'a compris le luxe, ni même le moindre confort; il poussa dans les dernières limites les préceptes de ce savant chimiste qui recommande et enseigne à tirer parti de tout, savoir couper avec une vrille, percer avec une scie. Jouissant d'une grande aisance, riche même relativement, ainsi que l'ont prouvé ses dernières dispositions testamentaires, il n'eut jamais que de mauvais instruments; sa plus grande dépense a été occasionnée par l'achat d'un petit creuset en platine. Il est vrai que n'admettant pas cette précision mathématique des analystes modernes qui trouvent des quantités infinitésimales, sinon dans leurs produits, du moins au bec de leur plume ; que ne s'étant pas livré à des expériences délicates sur les corps gazeux, impondérables, il n'a pas senti le besoin de meilleurs appareils. Je me suis quelquefois permis de le railler à ce sujet, mais sans succès. Cependant, quoique parfois il se fît gloire de cette indigence et du parti qu'il en savait tirer, il n'aimait pas à la montrer ; il n'admettait personne dans son laboratoire ni à travailler avec lui.

L'analyse d'une corne fossile trouvée dans un tombeau antique et un mémoire sur les forces assimilatrices des végétaux, furent, à ce que je crois, les premières publications de Braconnot. Ces deux travaux, qui parurent dans le tome 61 des *Annales de Chimie*, commencèrent à le faire connaître. Ce ne sont pas assurément les plus remarquables de cette série non interrompue qui va se continuer pendant un demi-siècle. C'est au premier, toutefois, que notre chimiste a rapporté la plus grande satisfaction qu'il ait éprouvée, lorsqu'il le vit inséré dans le savant recueil, et son nom mêlé à ceux de tant d'hommes illustres dans la science. Cette première émotion n'a jamais été égalée depuis, disait-il; il devenait chaque jour moins sensible à l'accueil fait à ses autres découvertes; si j'ose emprunter à la chimie une de ses expressions, il se saturait et devenait indifférent au retentissement de ses derniers travaux. Sans prendre trop à la lettre cet effet ordinaire de l'habitude, nous pouvons croire à cette saturation, elle avait eu le temps de s'accomplir, car le nombre des travaux de Braconnot est très-considérable et beaucoup d'entre eux ont eu une grande importance scientifique et industrielle. Nous en avons eu sous les yeux un tableau dressé par lui-même pour une spéculation de librairie (*Biographie des hommes célèbres contemporains*). Nous y avons compté plus de cent mémoires, notes et notices publiés dans différents journaux, Annales de chimie et de physique, Journal de chimie médicale, Recueil des mémoires de l'Académie de Stanislas de Nancy, Société d'Emulation des Vosges, etc.

En 1807, à la mort du vénérable Willemet, aïeul de notre savant bibliothécaire, Braconnot demanda et obtint, sur les recommandations chaleureuses de ses professeurs de Paris, la direction du jardin des plantes et la chaire de Botanique fondée par Stanislas (1). Certes, par l'empressement et le zèle qu'il apporta à remplir ces fonctions, il ne fut pas inférieur à son prédécesseur; il fit les cours avec ponctualité, mais malheureusement Braconnot ne joignait pas à la science le talent de la vulgariser et d'en répandre le goût. La mémoire lui faisait quelquefois défaut; dans la direction du jardin, son extrême bonté dégénéra souvent en faiblesse, et nous le disons à regret,

---

(1) Le jardin botanique et le cours qui doit y être fait ont été institués par Stanislas; c'est la ville qui nomme aux places de directeur et de professeur réunies dans la même personne. Malgré la modicité des appointements, cette position est très-recherchée par les hommes de science, qui y trouvent de grandes facilités pour leurs études, etc. Depuis la retraite de Braconnot, qui donna sa démission il y a peu d'années, ce jardin a subi de grands changements sous les directions de MM. Planchon et Godron qui se sont succédé; les idées de Braconnot n'ont pas été continuées; elles étaient, pour la botanique comme pour les autres sciences, peu favorables à la diffusion. Il ne croyait pas à leur utilité populaire, et sans vouloir mettre tout à fait un éteignoir sur l'intelligence, il ne pensait pas qu'il fût bon d'éclairer tous les hommes indistinctement. Il jugeait imprudente et inutile

sa gestion n'a pas produit les fruits qu'on en devait attendre.

Cette bonté, qui avait succédé à l'espièglerie taquine de l'écolier, était extrême ; son caractère était charmant, plein de douceur et de bienveillance ; il accueillait tout le monde et ne s'étonnait point de l'ignorance des personnes qui l'interrogeaient, non plus que de la sienne propre en plusieurs des choses étrangères à sa spécialité et dont il n'avait pas compris le besoin. Il la laissait voir naïvement, ce qui a été, pour un grand nombre de personne, un motif de le croire un homme très-ordinaire, surtout lorsque, nommé conseiller municipal, il se fit peu entendre et ne prit pas, comme tant d'autres, la parole pour discourir sur des affaires étrangères à ses études (1).

à la partie la plus nombreuse l'instruction prodiguée sous toutes les formes. Il soutenait que les véritables vocations ne connaissent pas d'obstacles insurmontables, qu'elles se font jour et aboutissent, que des études offertes doivent donner naissance à des médiocrités dédaigneuses de leur position native, dangereuses, etc. Il poussait à cet endroit le pessimisme très-loin et n'acceptait enfin aucun bénéfice de l'enseignement populaire des sciences. Conséquent avec ses idées, s'il laissa mettre complaisamment son nom sur le programme du cours de chimie industriel créé par la ville, il n'y voulut prendre aucune part.

(9) En 1848, il fut, comme ses collègues, mis à la porte (*sic*) de la salle du Conseil. Il ne fut pas renommé plus tard.

Braconnot était en tout d'une grande simplicité, presque sans besoins personnels ; il eût vécu sans peine dans la condition la plus médiocre ; les aliments, les vêtements, les appartements n'avaient à ses yeux d'autre mérite que de nourrir, vêtir, abriter ; les mets les moins recherchés étaient à son usage ; son excellente constitution ne lui fit jamais défaut et l'un de ses étonnements était que l'on fût, que l'on pût être malade ; à un âge déjà avancé, son bois de chauffage lui servait moins à être brûlé, qu'à le couper et à le fendre sous prétexte d'hygiène ; il fallait qu'il fît bien froid pour qu'il mît des gants (1). C'était une nature vigoureuse d'un autre siècle, un dernier représentant d'un type robuste déjà rare dans nos campagnes et que l'on ne rencontre plus dans les habitants des villes, énervés par des habitudes de luxe et de délicatesse sensuelle ignorées de nos pères (2). Avec cette

---

(1) Il répétait souvent que les pauvres mal couverts, que les enfants presque nus, étaient tout figure... Qu'une enveloppe ajoutée à une autre devenait bientôt insuffisante.

(2) Braconnot outrait peut-être quelquefois cette disposition d'esprit Diogénique ; il refusait un fauteuil pour s'asseoir sur une chaise, il ne voulait cultiver dans son jardin que des légumes, il prétendait trouver la verdure d'un carré de choux infiniment préférable aux plus belles plantes ; des fleurs pour des fleurs, à quoi bon ? — Le goût utilitaire avait amoindri et avait fini par dé-

santé inaltérable, il n'est pas étonnant que Braconnot n'ait pas eu recours à la médecine pour lui-même. Mais ce qui l'est davantage, ce sont les idées erronées qu'un esprit si juste en d'autres choses s'en était fait. La Société de médecine, dont il était membre, a été cent fois témoin de ses doutes, je dois dire, de son incrédulité; très-assidu aux séances, il n'a jamais manqué, l'occasion aidant, de la témoigner ouvertement. Il semblait n'y venir que dans cette intention et celle de se faire plaisir à lui-même (selon l'heureuse expression de son regrettable collègue le docteur Néret) en répétant ses petites plaisanteries sur la médecine et la pharmacie ; suivant lui, la nature guérit sans ou malgré eux; si le quinquina semble couper la fièvre, c'est que la fièvre doit cesser ou a peur du quinquina, et autres hérésies qui, je l'avoue, ont été réécoutées avec une grande longanimité.

Lors du blocus continental sous le premier empire, Braconnot, déjà en relations scientifiques avec une autre grande illustration de la Lorraine, M. Mathieu de Dombasle, qui fût devenu lui-même un chimiste éminent s'il eût continué ses premières études, Braconnot, dis-je, fut chargé par lui de recherches sur l'extraction et la nature

---

truire chez lui le sentiment du beau. Dans la crainte de s'amollir, il exagérait sa sobriété habituelle; enfin il trouvait superflu tout ce qui n'est pas absolument indispensable.

du sucre de la betterave et fut attaché comme chimiste à une exploitation industrielle très-importante. Il y demeura jusqu'au moment où l'entrée des sucres anglais, à la suite des armées étrangères (1814), vint renverser en peu de jours une entreprise à la veille de rapporter des millions, et ruiner pour longtemps M. de Dombasle et l'industrie à laquelle il a fait faire depuis encore des progrès immenses.

Nous devons à cette position des recherches analytiques sur la betterave, l'action de la chaux sur le suc et le sucre, le sucre de miel, etc.

A ce moment, désastreux de toute manière, Braconnot fut distrait une dernière fois de ses occupations sédentaires et de prédilection ; il dut redevenir pharmacien ; l'administration de la guerre, qui fit une presse des quelques personnes encore en dehors du service militaire, le nomma pharmacien en chef de l'hôpital temporaire formé à la chartreuse de Bosserville, près de Nancy, et destiné à recevoir les malheureux soldats atteints de typhus, suite des dernières guerres d'Allemagne. Cette diversion à ses travaux de laboratoire ne fut pas de longue durée et nous allons le trouver jusqu'à sa mort livré tout entier à la chimie et à la botanique.

Jamais Braconnot n'a dirigé ses recherches d'une manière systématique, vers un but, sur un plan tracé d'avance. Elles sont nées naturellement des circonstances, d'idées instantanées éveillées par la vue ou l'observation journalière des objets à sa portée, et souvent aussi à l'instigation et à la demande de personnes intéressées. Toujours aussi ses recherches ont eu un résultat, c'est-à-dire, ont appris quelque fait nouveau, amené des découvertes, signalé même sur des corps plusieurs fois analysés avant lui par d'autres chimistes, des phénomènes inattendus et importants. De là cette grande variété d'études sur des matières sans analogie et suivant le besoin industriel du moment; car, quoique Braconnot n'ait participé à aucune spéculation, qu'il n'eût pas besoin pour vivre honorablement de la rémunération des services rendus en s'occupant de procédés industriels ou d'économie domestique, cependant il le fit rarement gratuitement, sans doute pour ne pas engager sa liberté outre mesure, pour poser une limite aux importunités. Un motif plus noble aussi que celui d'accroître ses épargnes pour lui-même le dirigeait à notre insu, et en léguant à la ville de Nancy, sa ville d'adoption, toute sa fortune, il lui voulait laisser un plus riche héritage (1).

---

(1) Non-seulement Braconnot faisait payer, quoique très-modérément, les recherches demandées, mais il avait un extrême plaisir à en recevoir le prix. Cet argent lui semblait avoir plus de valeur que celui qui provenait de son patrimoine, il paraissait glorieux de pouvoir vivre, s'il eût fallu, du fruit de son travail.

Nous rejetons à la fin de cette notice, sous le titre *Appendice*, l'énumération rapide des principales découvertes de Braconnot. Nous dirons seulement ici un mot de la Légumine (aujourd'hui Caséine végétale), dont le nom indiquait l'origine; Braconnot l'a rencontrée principalement dans les pois, les haricots; ce corps analogue au gluten du blé donne à ces légumes une qualité éminemment nutritive et les rend pour la classe indigente bien supérieurs sous ce rapport à la pomme de terre, qui malheureusement a pris leur place par une idée exagérée et fausse de ses propriétés alimentaires. Braconnot a cherché à restituer leur valeur à ces plantes légumineuses; il a aussi, par l'examen judicieux des caractères chimiques de la légumine qui se combine à la chaux partout où elle la rencontre, libre ou alliée, donné l'explication de la difficulté, quelquefois même de l'impossibilité de cuire les pois, les fèves, etc., dans les eaux dures et séléniteuses de nos puits et de quelques fontaines. A cette occasion, nous devons citer aussi le moyen simple et excellent indiqué par notre chimiste pour rendre les eaux de puits potables, douces et propres à cuire les légumes et à dissoudre le savon sans perte; il consiste à y délayer un peu de chaux vive.

L'examen d'un papier collé en cuve à Annonay, où cette invention a pris naissance et où le secret de fabrication était bien gardé, fournit à Braconnot l'occasion de rendre un service signalé à l'industrie des papiers; quoique les indications qu'il a données ne fussent pas précisément les véritables termes du problème à résoudre (1), cependant elles mirent sur la voie, et modifiées par la pratique dans plusieurs papeteries des Vosges, elles aidèrent singulièrement à la vulgarisation du collage en cuve, qui, en peu de temps, se substitua presque partout au collage à la main par la gélatine animale.

Tout ce qui avait un caractère d'utilité provoquait particulièrement Braconnot; c'est à cette disposition d'esprit que nous devons ses essais de conservation du lait, la préparation économique des fromages et l'étude des phénomènes que présente leur altération putride qu'il a tâché de prévenir. La conservation du lait, déjà tentée plusieurs fois par différents moyens, était restée sans succès, sinon par le procédé d'Appert, mais à des conditions de temps, de dépenses et d'encombrement considérables. Braconnot a supprimé immédiatement ces graves inconvénients, et par une manipulation aisée, peu coûteuse, il a constitué une ressource alimentaire précieuse, surtout pour les voyages de long cours (2).

---

(1) Braconnot indiqua les savons de résine qui ne constituent pas seuls le procédé.

(2) Ce procédé consiste à faire coaguler le lait à une douce chaleur avec de l'acide chlorhydrique étendu d'eau, à faire

Un pharmacien de Vitry, M. Leroux, ayant cru trouver dans la matière cristalline de l'écorce de saule, qu'il a nommé Salicine, un succédané du quinquina, Braconnot reprit et étendit ces premiers essais ; il rencontra abondamment cette salicine dans les écorces de tremble, de peuplier, etc. ; dans cette dernière, il découvrit la Populine et encore ici ce travail fut l'origine et le prélude de ces magnifiques transformations végétales, de ces séries salicilique, benzoïlique, etc., qui ont surgi depuis et nous donnent l'espoir d'arriver à faire chimiquement ces alcalis organiques qu'il faut aujourd'hui retirer du quinquina. Malheureusement, sous le rapport médical, ces salicine, populine, ruthiline, sur lesquelles la thérapeutique avait fondé de grandes espérances, sont demeurées des curiosités de droguier ou à peu près.

Parmi les nombreuses trouvailles du chimiste lorrain, il en est une qui, dans le temps, a passé presque inaperçue ; s'il l'eût envisagée sous un autre rapport que celui pour lequel il l'avait cherchée (1), elle nous eût

---

égoutter le fromage, puis à le liquéfier par du sous-carbonate de soude ; on ajoute à cette crême suffisamment de sucre pour en assurer la conservation et on la renferme dans des bouteilles.

(1) Braconnot cherchait à ramener la soie à l'état dans lequel elle se trouve à sa sortie du corps de la chenille, afin de s'en servir comme vernis, sans odeur ni couleur et inaltérable ; il n'y

donné quelques années plus tôt ce formidable coton-poudre ou pyroxile, inventé par un chimiste de Bâle, M. Schœnbein ; le germe s'en trouve dans la Xyloïdine, produit de l'action de l'acide azotique concentré sur le coton ; quoique Braconnot ait signalé sa remarquable combustibilité, il a passé pourtant à côté du pyroxile et du collodion ; mais il lui reste cette initiative hardie de l'action des acides concentrés sur les matières organiques dont je viens de vous faire observer les si beaux résultats.

Poursuivant le cours de ses ingénieuses recherches, Braconnot a étudié l'acide mucique, analysé les lies de vin, s'est occupé des acides tartrique et paratartrique, a remarqué la curieuse action des sels de fer sur la gélatine animale, action dans laquelle il crut entrevoir un procédé prompt et économique de tannage (1) et la possibilité de faire du cuir artificiel. Il a enrichi l'indústrie des papiers peints d'un procédé de fabrication du vert de

---

put réussir. J'ai continué cette recherche sans plus de succès. Ce serait un problème intéressant à résoudre.

(1) Notre honorable ami ne pouvait se rappeler sans accès de gaieté et nous en avons souvent ri ensemble, une tentative de chaussures en gélatine et en cuir tanné par les sels de fer. — Un chimiste amateur, M. P. et un marchand tanneur, M. P., avaient fondé sur ce procédé l'espérance d'une grande fortune. Ils firent mouler des chaussures en gélatine ferrée et confec-

Schweinfurt (1); proposé, pour teindre les laines et la soie en un jaune solide, le sulfure d'arsenic, que peut-être il est regrettable de mettre, ainsi que le vert de Schweinfurt, entre des mains qui peuvent devenir cri-

---

tionner des souliers en cuir tanné par le persulfate de fer; on en fit l'essai, mais sans avoir compté avec la pluie et l'humidité; ces chaussures absorbaient l'eau comme des éponges et prirent un volume énorme. Cette propriété absorbante a été mise à profit pour le décalque lithographique par un ingénieux savant, M. Paul Laurent.

(1) C'est à la sollicitation d'un fabricant de papier de tenture, M. N., que cette industrie doit un procédé facile et économique d'obtenir cette couleur; Braconnot fit l'analyse de celle du commerce et détermina sa composition: c'est un sel arsenical, un arsénite de cuivre. L'hygiène publique n'a pas, malheureusement, à se louer de cette conquête sur l'Allemagne, et il est fort à regretter que cette couleur se trouve dans le commerce. On l'appliqua bientôt indifféremment sur toute sorte d'objets usuels et comestibles, sur le bois, les papiers, les étoffes, les jouets d'enfants; nous l'avons vu employée au coloriage des bonbons! Ça été un empoisonnement général à petite dose; de graves accidents se sont produits; la police médicale a dû s'en préoccuper et en faire interdire l'usage aux confiseurs, chocolatiers, fabricants de jouets, etc. En Allemagne aussi on s'est aperçu des effets toxiques de ce vert, et dans quelques villes on a proscrit même le papier de tenture ainsi coloré, parce que dans les appartements humides, il répandait des émanations dangereuses.

minelles. Il a donné la formule d'une encre pour écrire sur le zinc (1) ; imaginé de faire servir le gaz acide sulfureux à la conservation de quelques légumes verts, tels que oseille, épinards, etc., moyen simple et expéditif qui peut rendre de grands services en économie domestique et présenter d'immenses ressources alimentaires pour l'hiver.

Braconnot s'est rarement livré à l'analyse d'eaux ; je n'en connais de lui que trois de notables, celles de Luxeuil, de Nancy et de Bulgnéville ; la première, pour laquelle je lui ai aidé à déterminer la température des sources et la nature du gaz (azote) qui s'échappe en bouillonnant, a été faite avec un soin tout particulier à la demande de la ville, qui l'a généreusement rétribuée. Celle des eaux de Nancy, faite trop tardivement, a servi du moins à montrer combien l'administration municipale

---

(1) Le hasard fit reconnaître à un horticulteur (belge, je crois) la stabilité des traces de crayon sur le zinc ; je proposai ce moyen pour étiqueter les plantes de notre jardin botanique ; Braconnot, pour en rendre l'application plus aisée, fit l'analyse des crayons du commerce, et après quelques tâtonnements s'arrêta à la formule si connue et employée aujourd'hui, sulfate de cuivre, chlorhydrate d'ammoniaque, noir de fumée et eau ; on écrit avec cette encre à la plume ou à l'aide d'une brosse et de caractères mobiles.

devrait se faire éclairer avant d'entreprendre des travaux de cette espèce (1). Je dois ajouter pour mémoire l'analyse de l'eau du lac de Gérardmer ; Braconnot en a confirmé la pureté, qui peut être comparée à celle de l'eau distillée. L'analyse d'un Trapp basaltique de la côte d'Essey, près de Lunéville, a fait trop de bruit dans le monde géologique pour que je n'en dise pas quelques mots ici, non que cette roche présente quelque élément minéral autres que ceux observés jusqu'alors, mais Braconnot y ayant rencontré, en le distillant, des traces d'ammoniaque, avait conclu à la présence de matières organiques, ce qui excluait l'origine ignée de ce trapp et sa formation volcanique.

A l'époque où de fausses idées sur la puissance du sel marin comme fumure des terres étaient émises par un représentant mal inspiré, qui demandait obstinément un dégrèvement à l'impôt et exagérait outre mesure son

(1) Les eaux qui alimentent les fontaines de la ville sont généralement séléniteuses et dures. En construisant un château d'eau sur la place de Grève, on ne songea pas au changement de composition que l'eau devait éprouver en jaillissant. Ce changement tient à la dispersion de l'acide carbonique nécessaire pour tenir la chaux en dissolution ; cette perte produit un dépôt incessant sur les tuyaux de conduite, qui nécessite bientôt un nettoyement coûteux et incommode.

avantage dans l'élève des bestiaux, Braconnot s'occupa de nouveau de cette question et ses expériences confirmèrent les opinions saines d'éminents agronomes. Il fit aussi quelques analyses d'urines de moutons nourris d'aliments plus ou moins salés.

Après s'être occupé à plusieurs reprises de l'analyse des substances alimentaires connues, Braconnot voulut en augmenter le nombre ; on lui doit l'indication d'une série étendue de plantes qui peuvent être regardées comme potagères et pouvant varier agréablement la satisfaction gastronomique ; en multipliant nos ressources culinaires, il a devancé de bien loin les douze cents légumes nouveaux promis par M. Lecoq (1). Il a fait également connaître quelques phénomènes physiologiques végétaux et animaux ; il a réfuté une théorie de la chaleur et de la respiration, avancée légèrement par M. Collard. Il a fait l'analyse de bézoards, de calculs vésicaux et biliaires, d'excréments d'oiseaux, de limaces et des limaces elles-mêmes (2), d'urines d'hystériques, de la

---

(1) M. Lecoq, savant professeur, a pensé que beaucoup de plantes délaissées aujourd'hui pouvaient aisément devenir potagères au moyen de l'étiolement.

(2) Cette analyse m'a fourni l'occasion d'une découverte microscopique fort curieuse (publiée dans un Compte rendu de la Société de Médecine de Nancy), l'existence d'un appareil den-

bile, du suc gastrique, etc. ; il a trouvé de l'oxalate de chaux dans les lichens, de la silice dans les prêles, cherché la composition de la suie, du noir de fumée, de la boue des égouts ; les causes de l'altération des vins, l'influence des plantes sur le sol, celle des fumiers au point de vue agricultural, celle du traitement des arbres sur la production des fruits. Il est sans doute d'autres recherches encore, moins importantes, que ma mémoire ne me fournit pas en ce moment et que notre illustre chimiste avait peut-être oubliées lui-même. Dans presque tous ses travaux, on remarque quelque chose de neuf, d'inattendu, mêlé parfois d'idées paradoxales, étranges, qui n'ont pas été acceptées, peut-être parce que leur temps n'est pas venu ; la plupart ont une haute valeur, et témoignent d'un génie chimique et éminemment observateur.

Dans cette trop rapide énumération, je suis forcé encore

---

taire très-développé et d'une admirable structure dans l'œsophage des mollusques Gastéropodes. Il n'en avait pas encore été fait mention ; le célèbre Swammerdam lui-même ne l'a pas aperçu, malgré son habileté anatomique et ses poursuites minutieuses sur la structure des animaux de cette classe. Cet organe corné résista seul aux procédés de dissolution employés par Braconnot ; il fut trouvé sous forme de lames minces au fond du vase dans lequel il avait opéré ; il me les remit pour les examiner.

de passer sous silence tout ce qui a trait à la chimie médico-légale : de la sagacité de Braconnot dans de très-difficiles expertises, de sa consciencieuse habileté, de la lumière dont il éclairait les questions délicates et d'une haute importance pour la justice humaine. Le récit de ce qu'il a fait en ce genre me mènerait trop loin ; je craindrais d'étendre outre mesure cette notice que je trouve déjà longue, peut-être, et aussi de me placer auprès de lui, en parlant de ce que nous avons fait ensemble pendant près de quarante ans, où j'ai eu le rare bonheur de l'avoir pour maître et pour guide (1).

Le dernier travail de notre si regrettable collègue a été sur la composition de matières diarrhéiques ; pris de dévoiement, il a analysé les matières rendues par lui-même ; il en a lu le résultat dans la dernière réunion de la Société à laquelle il ait, je crois, assisté ; ce résultat diffère peu de ceux obtenus par lui et par moi lors de la première épidémie de choléra en 1832 (2).

---

(1) Pour ces expertises très-nombreuses, il répétait avec grand soin tout ce qui était publié à leur sujet ; il trouva et imagina plusieurs procédés exacts pour constater la présence du sang, de l'arsenic, etc. Il lui fallait des preuves irrécusables ; les apparences les mieux fondées ne le satisfaisaient pas.

(2) Cette analyse a été imprimée à la suite d'un travail sur l'épidémie du choléra (1832, impr. Bachot, à Nancy).

Peu de mois après cette communication, le 12 janvier 1855, Braconnot expirait après quelques jours de grandes souffrances, supportées avec courage et sans presque s'être alité. Conséquent jusqu'à la fin avec lui-même et ses opinions sceptiques, s'il reçut des médecins, ç'a été à titre d'amis, de collègues qui venaient s'enquérir de son état. S'il a paru suivre quelques avis qu'il ne demandait pas, ce fut pour ne pas contrarier une parente désolée. Il est mort enfin fidèle en tout aux idées du siècle qui l'a vu naître et champion quand même des écrivains de cette époque, Bayle et Voltaire, ses auteurs les plus aimés.

Comme on vient de le voir par les observations qui précèdent, tous les travaux de Braconnot sont indépendants les uns des autres et dispersés dans les journaux qui les regardaient avec raison comme autant de bonnes fortunes et les accueillaient avec empressement (1).

En dehors de ces communications isolées, Braconnot n'a jamais rien écrit ni fait imprimer à part; il n'a point fait de travail d'ensemble, ni exposé de vues générales

---

(1) Je ne crois pas que Braconnot ait jamais reçu d'argent pour ses communications aux journaux, mais il recevait gratuitement les Annales de chimie et de physique, le Journal de pharmacie et celui de chimie médicale; il a fait don à la Bibliothèque de ces collections importantes et complètes.

sur la science. Ouvrier laborieux, il a apporté de nombreux matériaux, taillés avec soin, à l'édifice scientifique dont il n'a jamais voulu étudier le plan et les proportions. Dégoûté de tant de théories, de systèmes qu'il a vus naître et mourir, ennuyé d'apprendre et de désapprendre tant de fois, il goûtait médiocrement les idées spéculatives et abstraites dont on a fait trop tôt un si grand abus ; il s'en tenait aux seuls faits. Il est demeuré analyste, et, sous ce rapport, il a été immédiatement apprécié ; on avait foi dans ses assertions, que, du reste, il appuyait surabondamment en notant avec soin les moindres phénomènes, les plus légères particularités de ses opérations; à l'exemple des grands maîtres, il ne dédaignait pas de mettre ses lecteurs dans la confidence des moindres manipulations, de manière à ce qu'elles pussent être comprises, vérifiées ou contrôlées.

Braconnot était plus connu partout ailleurs que dans notre ville ; il a commencé de bonne heure à jouir d'une réputation européenne, et cette réputation a passé les mers; elle lui a valu des distinctions académiques. Je n'ai eu entre les mains aucun document qui m'en ait facilité l'énumération ; je sais seulement qu'elles étaient nombreuses et lui avaient été spontanément offertes de toutes parts. Les Sociétés scientifiques de Paris, Vienne, Berlin, etc., ont tenu à honneur de l'inscrire sur la liste de leurs membres correspondants. Tout en faisant de ces titres le grand cas qu'ils méritent, Braconnot n'en parait point, et ne songeait pas à s'en parer, et à l'exception de ceux de membre correspondant de l'Institut, de l'Académie de Stanislas, je ne les ai ouïs ou vus mentionnés par lui dans aucune communication, lettre ou mémoire. Quelques honneurs sont également venus trouver Braconnot; sans aucune sollicitation de sa part, il a reçu la décoration de la Légion d'Honneur. Il fut nommé membre du Conseil municipal, professeur honoraire de chimie; les journaux scientifiques réclamèrent sa collaboration et le Conseil d'hygiène son concours éclairé, mais sans que sa modestie reçût aucun échec. Toujours il a conservé la même bonhomie. Hormis la place de Directeur et de professeur du Jardin des plantes, qui le mettait en situation de satisfaire largement son goût pour la botanique, Braconnot n'a désiré aucune place; il n'a pris aucun grade dans les lettres et les sciences; il n'a suivi aucune carrière industrielle ni exercé de profession libérale, ainsi que beaucoup de personnes l'ont cru, qui le qualifiaient de médecin, de pharmacien, de professeur de chimie, etc. Pourtant la pharmacie a quelque droit de le revendiquer comme sien et de s'en glorifier, ainsi qu'elle le fait des Vauquelin, Parmentier, Sérullas, Dumas et autres hommes éminents, tous sortis de ses officines. Quoique Braconnot se soit montré quelque peu irrévérent envers celle qui l'a élevé et mis au jour, qu'il ait réuni dans ses railleries la pharmacie et la médecine, la Société n'a pas pris au sérieux ces légères égratignures ; et par sa sollicitude et son empressement à l'accueillir, elle témoigne qu'elle n'en conserve point de ressentiment.

Ne s'étant jamais mêlé à aucune polémique, et n'ayant pris la défense d'aucune de ses œuvres, très-peu contredites, du reste, ayant rarement relevé les inexactitudes des autres, philosophe commode et pratique, Braconnot eût volontiers, comme Fontenelle, fermé la main pleine de vérités, se souciant fort peu de les répandre et préférant de beaucoup la tranquillité au bruit ; aussi ne lui avons-nous pas connu d'ennemis, et à l'encontre de tant d'hommes célèbres, il est mort aimé, respecté et sans avoir payé chèrement une réputation loyalement acquise et méritée.

Quoique Braconnot ne fût pas marié, il n'a pas eu à supporter les petites misères domestiques ; une femme dévouée a pris de bonne heure la direction de ses affaires et son intelligente amitié lui en a sauvé les ennuis ; elle l'a empêché de connaître l'isolement que son peu de goût pour les déplacements, les voyages et les relations du monde lui eussent attiré dans sa vieillesse. Elle a réussi à adoucir l'amertume des jours de douleur et de désœuvrement que la faiblesse de sa vue ramenaient trop souvent. Elle lui servait de lecteur, de secrétaire, d'aide mémoire et lui a consacré avec joie les plus belles années de sa vie (1).

Les funérailles de notre collègue ont montré tout le cas que les personnes éclairées faisaient de lui. Par leur présence devant sa tombe, par leurs adieux touchants, les hommes de science ont hautement témoigné de la grandeur de notre perte et d'une illustration méritée (2). Faisons des vœux pour que ces regrets prennent un corps et que ces traits, si présents encore, soient transmis à nos fils. Nous ne demandons pas une statue, mais son buste devra certes trouver place au palais que la ville de Nancy se propose d'élever aux sciences et aux lettres ; la chose sera facile (3).

---

(1) Mlle Blanchard, sa cousine, élevée par la mère de Braconnot; elle ne voulut pas le quitter après la mort de celle-ci. Elle avait voué à son cousin une admiration et un dévouement sans bornes.

(2) Les principales autorités, les Facultés, l'Académie de Stanislas, l'Ecole et la Société de Médecine, etc., assistaient à ses obsèques. Des discours ont été prononcés par MM. Collenot pour le Maire, Nicklès au nom de l'Académie, E. Simonin pour la Société de Médecine.

(3) La chose est faite aujourd'hui. Chacun peut voir au Musée de Nancy les traits du savant chimiste fidèlement reproduits par la sculpture.

APPENDICE

A l'analyse d'une corne fossile, au mémoire sur les forces assimilatrices des végétaux dont il a été question (1), succédèrent à de courts intervalles des observations sur le Phytholacca, — l'examen des acides végétaux, qui dans les plantes saturent la potasse et la chaux, — l'analyse comparée des gommes résines, — la nature et les usages du brou de noix, — le sucre de miel, — l'analyse de la noix vomique, faite antérieurement par Desportes, mais incomplétement ; Braconnot la refit avec plus de succès et y signala, outre les matières cornée, animale, huileuse, la fécule, du phosphate de chaux, la silice, des sels à base de potasse, une matière amère et un acide particulier ; Braconnot n'a pas nommé la strychnine ni l'acide igasurique, mais s'il n'a fait que les entrevoir, s'il ne les a pas dégagés entièrement, du moins s'en est-il approché de bien près ; il frayait la route et devançait de loin Pelletier et Caventou, qui ont plus tard reconnu la combinaison de cet acide particulier avec cette substance amère (2), non-seulement dans la noix vomique, mais aussi dans la fève de Saint-Ignace, le bois de couleuvre, l'*Eupas teieüté*.

Viennent ensuite les analyses des champignons, de l'agaric blanc ; dans les premiers, il trouve du sucre et

---

(1) Voir page 7 de la présente notice.

(2) Nommée primitivement *vauqueline* ; elle a commencé cette brillante série d'alcaloïdes, dont la découverte leur était réservée.

des acides nouveaux qu'il nomme fungique et bolétique ; dans le second, une résine particulière, méconnue par le chimiste Bouillon-Lagrange. Toutefois, le travail de Braconnot a été stérile sous le rapport thérapeutique, parce qu'il ne s'est livré à aucune expérience physiologique et que rien ne témoigne que cette résine soit ou recèle le principe actif de ce Bolet. Nous trouvons après l'acide nancéique eu zumique dont le nom n'a pas été conservé (1), une note sur l'*Uva ursi* conjointement avec le docteur Mougeot, de Bruyères. Aux feuilles de cette plante usitée en médecine comme diurétique, on substituait dans le commerce, et par suite dans presque toutes les pharmacies, celles du *Vaccinium vitis idææ* ou airelle rouge, qui n'a avec la première qu'une vague ressemblance de forme et dont les propriétés sont extrêmement différentes, car elles contiennent du tannin et de l'acide gallique; outre un caractère extérieur remarquable, MM. Mougeot et Braconnot ont indiqué, pour reconnaître la fraude, les sels de fer et la gélatine. — Dans l'absynthe (*artemisia absynthium*) dont l'amertume est extrême, comme chacun le sait, Braconnot soupçonnait un principe fébrifuge, analogue à celui du quinquina, mais il n'y trouva qu'une matière résineuse très-amère et un acide qu'il a appelé absynthique.—En 1815, par un procédé aussi simple qu'ingénieux (la compression à basse température), Braconnot décomposa mécaniquement les corps gras en deux parties, l'une solide et l'autre fluide, la première cassante, sèche, nacrée, ayant de la ressemblance avec le blanc de baleine, la seconde liquide comme l'huile, en proportions inégales et variant suivant la consistance des graisses ; ainsi, le suif de mou-

(1) Cet acide a depuis été reconnu identique à l'acide lactique.

ton contient 76 0/0 de matière solide, celui de bœuf 74 tandis que le beurre n'en contient que 40, les graisse d'oie, de dindon, 32,28, l'huile d'olives 28, d'amande 24, etc.

Dans son mémoire sur ce sujet, Braconnot étudie l'action des acides, des alcalis, de l'éther, etc., sur les corp gras, et il en déduit des considérations précieuses pou leur fonte, leur épuration et la saponification. Ce travai a donné lieu à quelques réclamations non fondées de l part d'un chimiste distingué, M. Chevreul, qui, par un singulière coïncidence, s'occupait des mêmes matières précisément dans le même moment; mais ni l'un n l'autre de ces savants, riches de leur propre fonds, n'avai droit de se soupçonner et certes le caractère si loyal d chimiste lorrain devait le mettre à l'abri de toute récrimination de ce genre (1); d'ailleurs Braconnot publia se recherches plusieurs mois avant que M. Chevreul fi paraître les siennes.

Braconnot appliqua ensuite à la teinture la matièr colorante jaune d'une plante commune, le chanvre d crète (*Datisca Cannabina*) de la famille des orties, e trouva la Datiscine que les chimistes ont réuni à l'Inulin avec laquelle elle présente en effet de l'identité et qu l'on rencontre dans beaucoup de végétaux. — Il refi l'analyse du riz, dans lequel, ainsi que Vauquelin, i constata une énorme quantité de matière amylacée 83

---

(1) Les deux chimistes se sont rencontrés sur quelques points mais par des moyens différents; bien différente aussi a été leu manière de les interpréter; où le chimiste lorrain n'a vu que de corps gras plus ou moins solides, celui de Paris voyait de l stéarine, de la margarine, de l'oléine, et surtout leur transfor mation en acides gras, qui a échappé au premier.

85 0/0, et très-peu de matière azotée, ce qui en fait un aliment peu nutritif (1). Dans un mémoire sur l'Extractif, il a donné sur les corps appelés Extraits des notions plus exactes que celles que l'on enseignait avant lui et dont la pharmacie a tiré d'utiles applications. — Le piment, l'acide sorbique, lui furent ensuite des sujets de recherches intéressantes ; dans les dernières, il a prouvé l'identité des acides sorbique et malique et indiqué pour l'obtenir un procédé facile et un fruit qui le renferme abondamment, celui du sorbier. — Il en est de même pour les acides gallique et ellagique (2) ; on lui doit la connaissance de ce dernier, ainsi que l'analyse de la Gesse tubéreuse, plante alimentaire sucrée, connue du peuple de nos contrées sous le nom de *macjon*. — Une analyse du parenchyme du foie, celle d'une roche quartzeuse précédèrent un travail tout-à-fait neuf sur la conversion du ligneux en sucre En étudiant l'action de l'acide sulfurique concentré sur le bois ou plutôt sur le ligneux pur, représenté par du linge ou du papier, sur de la gomme et d'autres matières végétales, notre chimiste enrichit la science de faits entièrement nouveaux et imprévus. Il en a été de même relativement à l'action des alcalis caustiques sur ces corps.

Ces combinaisons nouvelles, ces agencements jusqu'alors ignorés de principes élémentaires, cette production de sucres avec des chiffons, attirèrent vivement l'attention

(1) Cette analyse a une grande actualité et démontre de la manière la plus péremptoire combien l'addition de farine de riz à celle de blé pour confectionner le pain à bon marché est peu intelligente, quoique souvent recommandée dans ces derniers temps.

(2) Ce nom Ellagique (Gallique retourné), ne signifie rien, sinon l'embarras de Braconnot pour dénommer cet acide.

des chimistes, déjà éveillée par les expériences de I
chof et la traduction des fécules en glucose. Ce tr
remarquable n'a eu longtemps qu'un retentisse
purement scientifique ; il n'avait encore été le sujet d
cune application industrielle, lorsque, quelques
avant sa mort, notre regrettable collègue eut le pl
de voir utiliser ses belles découvertes ; les jour
annoncèrent qu'on fabriquait du sucre de bois pou
faire de l'alcool. Un deuxième mémoire sous le
de : *Conversion de matières animales en substances*
velles, et faisant suite au précédent, ne tarda pas à
raître ; il fit connaître minutieusement les réaction
même acide sulfurique sur les matières animales
production du sucre de gélatine, de la leucine, de l'a
nitro-saccharique, etc. Ces belles expériences ont ou
une voie nouvelle, elles ont été le point de dé
d'études poursuivies depuis avec succès par Boussing
Mulder et autres.

La composition chimique des fruits gélatineux
ensuite pour lui un sujet de recherches pleines d'in
et également remarquables. En préparant pour son u
des confitures et des gelées végétales, cet esprit si sa
devina la Pectine ; il la montra non-seulement dan
fruits, mais aussi dans d'autres parties des plantes,
les carottes, les betteraves, les raves, etc., soit l
soit à l'état d'acide combiné. Il fit connaître ses
intimes propriétés, celle si curieuse surtout de se tr
former en acide, qu'il a nommé Pectique, par le
attouchement d'un alcali, de l'alcool, du sucre, etc
travail a éclairé d'une vive lumière plusieurs ph
mènes inexpliqués et a doté la pharmacie, l'art du
fiseur et l'économie domestique de procédés facil
avantageux.

BIBLIOTHEQUE NATIONALE DE FRANCE
3 7502 01001799 6

www.ingramcontent.com/pod-product-compliance
Ingram Content Group UK Ltd.
Pitfield, Milton Keynes, MK11 3LW, UK
UKHW012117240726
13965UKWH00005B/1804